This Book Belongs To:

_____

_____

_____

Notes

_____

_____

_____

_____

_____

_____

_____

_____

_____

_____

_____

_____

_____

_____

_____

Birthdays / Anniversaries

January

February

March

Birthdays / Anniversaries

April

May

June

Birthdays / Anniversaries

July

August

September

Birthdays / Anniversaries

October

November

December

A

Name _____
Address _____
_____
Phone _____
Email _____
Notes _____

Name _____
Address _____
_____
Phone _____
Email _____
Notes _____

Name _____
Address _____
_____
Phone _____
Email _____
Notes _____

Name _____

Address _____

_____

Phone _____

Email _____

Notes _____

Name _____

Address _____

_____

Phone _____

Email _____

Notes _____

Name _____

Address _____

_____

Phone _____

Email _____

Notes _____

A

Name _____
Address _____
_____
Phone _____
Email _____
Notes _____

Name _____
Address _____
_____
Phone _____
Email _____
Notes _____

Name _____
Address _____
_____
Phone _____
Email _____
Notes _____

Name _____

Address _____

_____

Phone _____

Email _____

Notes _____

Name _____

Address _____

_____

Phone _____

Email _____

Notes _____

Name _____

Address _____

_____

Phone _____

Email _____

Notes _____

Name _____

Address _____

_____

Phone _____

Email _____

Notes _____

Name _____

Address _____

_____

Phone _____

Email _____

Notes _____

Name _____

Address _____

_____

Phone _____

Email _____

Notes _____

Name

Address

Phone

Email

Notes

Name

Address

Phone

Email

Notes

Name

Address

Phone

Email

Notes

B

B

Name _____
Address _____
_____
Phone _____
Email _____
Notes _____

Name _____
Address _____
_____
Phone _____
Email _____
Notes _____

Name _____
Address _____
_____
Phone _____
Email _____
Notes _____

Name _____

Address _____

_____

Phone _____

Email _____

Notes _____

Name _____

Address _____

_____

Phone _____

Email _____

Notes _____

Name _____

Address _____

_____

Phone _____

Email _____

Notes _____

C

Name _____

Address _____

_____

Phone _____

Email _____

Notes _____

Name _____

Address _____

_____

Phone _____

Email _____

Notes _____

Name _____

Address _____

_____

Phone _____

Email _____

Notes _____

Name _____

Address _____

_____

Phone _____

Email _____

Notes _____

Name _____

Address _____

_____

Phone _____

Email _____

Notes _____

Name _____

Address _____

_____

Phone _____

Email _____

Notes _____

C

C

Name _____

Address _____

_____

Phone _____

Email _____

Notes _____

Name _____

Address _____

_____

Phone _____

Email _____

Notes _____

Name _____

Address _____

_____

Phone _____

Email _____

Notes _____

Name _____

Address _____

_____

Phone _____

Email _____

Notes _____

Name _____

Address _____

_____

Phone _____

Email _____

Notes _____

Name _____

Address _____

_____

Phone _____

Email _____

Notes _____

D

Name _____
Address _____
_____
Phone _____
Email _____
Notes _____

Name _____
Address _____
_____
Phone _____
Email _____
Notes _____

Name _____
Address _____
_____
Phone _____
Email _____
Notes _____

Name _____

Address _____

_____

Phone _____

Email _____

Notes _____

Name _____

Address _____

_____

Phone _____

Email _____

Notes _____

Name _____

Address _____

_____

Phone _____

Email _____

Notes _____

D

D

Name _____

Address _____

_____

Phone _____

Email _____

Notes _____

Name _____

Address _____

_____

Phone _____

Email _____

Notes _____

Name _____

Address _____

_____

Phone _____

Email _____

Notes _____

Name _____

Address _____

_____

Phone _____

Email _____

Notes _____

D

Name _____

Address _____

_____

Phone _____

Email _____

Notes _____

Name _____

Address _____

_____

Phone _____

Email _____

Notes _____

Notes

Notes

_____

_____

_____

_____

_____

_____

_____

_____

_____

_____

_____

_____

_____

_____

_____

E

Name _____

Address _____

_____

Phone _____

Email _____

Notes _____

Name _____

Address _____

_____

Phone _____

Email _____

Notes _____

Name _____

Address _____

_____

Phone _____

Email _____

Notes _____

Name _____

Address _____

_____

Phone _____

Email _____

Notes _____

Name _____

Address _____

_____

Phone _____

Email _____

Notes _____

Name _____

Address _____

_____

Phone _____

Email _____

Notes _____

E

E

Name _____
Address _____
_____
Phone _____
Email _____
Notes _____

Name _____
Address _____
_____
Phone _____
Email _____
Notes _____

Name _____
Address _____
_____
Phone _____
Email _____
Notes _____

Name _____

Address _____

_____

Phone _____

Email _____

Notes _____

Name _____

Address _____

_____

Phone _____

Email _____

Notes _____

Name _____

Address _____

_____

Phone _____

Email _____

Notes _____

E

F

Name _____
Address _____
_____
Phone _____
Email _____
Notes _____

Name _____
Address _____
_____
Phone _____
Email _____
Notes _____

Name _____
Address _____
_____
Phone _____
Email _____
Notes _____

Name _____

Address _____

_____

Phone _____

Email _____

Notes _____

Name _____

Address _____

_____

Phone _____

Email _____

Notes _____

Name _____

Address _____

_____

Phone _____

Email _____

Notes _____

Name _____

Address _____

_____

Phone _____

Email _____

Notes _____

F

Name _____

Address _____

_____

Phone _____

Email _____

Notes _____

Name _____

Address _____

_____

Phone _____

Email _____

Notes _____

Name _____

Address _____

_____

Phone _____

Email _____

Notes _____

F

Name _____

Address _____

_____

Phone _____

Email _____

Notes _____

Name _____

Address _____

_____

Phone _____

Email _____

Notes _____

Name _____

Address _____

_____

Phone _____

Email _____

Notes _____

G

Name _____

Address _____

_____

Phone _____

Email _____

Notes _____

Name _____

Address _____

_____

Phone _____

Email _____

Notes _____

Name _____

Address _____

_____

Phone _____

Email _____

Notes _____

G

Name _____

Address _____

_____

Phone _____

Email _____

Notes _____

Name _____

Address _____

_____

Phone _____

Email _____

Notes _____

Name _____
Address _____

_____

Phone _____
Email _____

G   Notes _____

Name _____
Address _____

_____

Phone _____
Email _____
Notes _____

Name _____
Address _____

_____

Phone _____
Email _____
Notes _____

Name _____

Address _____

_____

Phone _____

Email _____

Notes _____

G

Name _____

Address _____

_____

Phone _____

Email _____

Notes _____

Name _____

Address _____

_____

Phone _____

Email _____

Notes _____

Name _____

Address _____

_____

Phone _____

Email _____

Notes _____

H

Name _____

Address _____

_____

Phone _____

Email _____

Notes _____

Name _____

Address _____

_____

Phone _____

Email _____

Notes _____

Name _____

Address _____

_____

Phone _____

Email _____

Notes _____

H

Name _____

Address _____

_____

Phone _____

Email _____

Notes _____

Name _____

Address _____

_____

Phone _____

Email _____

Notes _____

Name _____

Address _____

_____

Phone _____

Email _____

Notes _____

H

Name _____

Address _____

_____

Phone _____

Email _____

Notes _____

Name _____

Address _____

_____

Phone _____

Email _____

Notes _____

Name _____

Address _____

_____

Phone _____

Email _____

Notes _____

H

Name _____

Address _____

_____

Phone _____

Email _____

Notes _____

Name _____

Address _____

_____

Phone _____

Email _____

Notes _____

Notes

Notes

Name _____
Address _____
_____
Phone _____
Email _____
Notes _____

I

Name _____
Address _____
_____
Phone _____
Email _____
Notes _____

Name _____
Address _____
_____
Phone _____
Email _____
Notes _____

Name _____

Address _____

  _____

  Phone _____

  Email _____

  Notes _____

Name _____

Address _____

  _____

  Phone _____

  Email _____

  Notes _____

Name _____

Address _____

  _____

  Phone _____

  Email _____

  Notes _____

I

Name _____

Address _____

_____

Phone _____

Email _____

Notes _____

I

Name _____

Address _____

_____

Phone _____

Email _____

Notes _____

Name _____

Address _____

_____

Phone _____

Email _____

Notes _____

Name _____

Address _____

_____

Phone _____

Email _____

Notes _____

Name _____

Address _____

_____

Phone _____

Email _____

Notes _____

I

Name _____

Address _____

_____

Phone _____

Email _____

Notes _____

Name _____

Address _____

_____

Phone _____

Email _____

Notes _____

J

Name _____

Address _____

_____

Phone _____

Email _____

Notes _____

Name _____

Address _____

_____

Phone _____

Email _____

Notes _____

Name _____

Address _____

_____

Phone _____

Email _____

Notes _____

Name _____

Address _____

_____

Phone _____

Email _____

Notes _____

J

Name _____

Address _____

_____

Phone _____

Email _____

Notes _____

Name _____

Address _____

_____

Phone _____

Email _____

Notes _____

J

Name _____

Address _____

_____

Phone _____

Email _____

Notes _____

Name _____

Address _____

_____

Phone _____

Email _____

Notes _____

Name _____

Address _____

_____

Phone _____

Email _____

Notes _____

Name _____

Address _____

_____

Phone _____

Email _____

Notes _____

J

Name _____

Address _____

_____

Phone _____

Email _____

Notes _____

Name _____

Address _____

_____

Phone _____

Email _____

Notes _____

Name _____

Address _____

_____

Phone _____

Email _____

Notes _____

Name _____

Address _____

_____

Phone _____

Email _____

Notes _____

K

Name _____

Address _____

_____

Phone _____

Email _____

Notes _____

Name _____

Address _____

K

_____

Phone _____

Email _____

Notes _____

Name _____

Address _____

_____

Phone _____

Email _____

Notes _____

Name _____

Address _____

_____

Phone _____

Email _____

Notes _____

Name _____

Address _____

_____

Phone _____

Email _____

Notes _____

Name _____

Address _____

_____

Phone _____

Email _____

Notes _____

K

Name

Address

Phone

Email

Notes

Name

Address

K

Phone

Email

Notes

Name

Address

Phone

Email

Notes

Name _____

Address _____

_____

Phone _____

Email _____

Notes _____

Name _____

Address _____

_____

L

Phone _____

Email _____

Notes _____

Name _____

Address _____

_____

Phone _____

Email _____

Notes _____

Name _____

Address _____

_____

Phone _____

Email _____

Notes _____

Name _____

Address _____

_____

Phone _____

Email _____

Notes _____

L

Name _____

Address _____

_____

Phone _____

Email _____

Notes _____

Name _____

Address _____

_____

Phone _____

Email _____

Notes _____

Name _____

Address _____

_____

Phone _____

Email _____

Notes _____

Name _____

Address _____

_____

Phone _____

Email _____

Notes _____

L

Name _____

Address _____

_____

Phone _____

Email _____

Notes _____

Name _____

Address _____

_____

L

Phone _____

Email _____

Notes _____

Name _____

Address _____

_____

Phone _____

Email _____

Notes _____

Notes

_____

_____

_____

_____

_____

_____

_____

_____

_____

_____

_____

_____

_____

_____

_____

Notes

_____

_____

_____

_____

_____

_____

_____

_____

_____

_____

_____

_____

_____

_____

Name

Address

Phone

Email

Notes

Name

M

Address

Phone

Email

Notes

Name

Address

Phone

Email

Notes

Name _____

Address _____

_____

Phone _____

Email _____

Notes _____

Name _____

Address _____

_____

Phone _____

Email _____

Notes _____

M

Name _____

Address _____

_____

Phone _____

Email _____

Notes _____

Name _____

Address _____

_____

Phone _____

Email _____

Notes _____

Name _____

Address _____

_____

M

Phone _____

Email _____

Notes _____

Name _____

Address _____

_____

Phone _____

Email _____

Notes _____

Name _____
Address _____
_____
Phone _____
Email _____
Notes _____

Name _____
Address _____
_____
Phone _____
Email _____
Notes _____

M

Name _____
Address _____
_____
Phone _____
Email _____
Notes _____

Name _____

Address _____

_____

Phone _____

Email _____

Notes _____

Name _____

Address _____

_____

Phone _____

Email _____

Notes _____

Name _____

Address _____

_____

Phone _____

Email _____

Notes _____

N

Name _____
Address _____
_____
Phone _____
Email _____
Notes _____

Name _____
Address _____
_____
Phone _____
Email _____
Notes _____

N

Name _____
Address _____
_____
Phone _____
Email _____
Notes _____

Name _____

Address _____

_____

Phone _____

Email _____

Notes _____

Name _____

Address _____

_____

Phone _____

Email _____

Notes _____

Name _____

Address _____

_____

Phone _____

Email _____

Notes _____

N

Name _____
Address _____
_____
Phone _____
Email _____
Notes _____

Name _____
Address _____
_____
Phone _____
Email _____
Notes _____

N

Name _____
Address _____
_____
Phone _____
Email _____
Notes _____

Name _____

Address _____

_____

Phone _____

Email _____

Notes _____

Name _____

Address _____

_____

Phone _____

Email _____

Notes _____

O

Name _____

Address _____

_____

Phone _____

Email _____

Notes _____

Name _____

Address _____

_____

Phone _____

Email _____

Notes _____

Name _____

Address _____

_____

Phone _____

Email _____

Notes _____

O

Name _____

Address _____

_____

Phone _____

Email _____

Notes _____

Name _____

Address _____

_____

Phone _____

Email _____

Notes _____

Name _____

Address _____

_____

Phone _____

Email _____

Notes _____

Name _____

Address _____

_____

Phone _____

Email _____

Notes _____

O

Name _____

Address _____

_____

Phone _____

Email _____

Notes _____

Name _____

Address _____

_____

Phone _____

Email _____

Notes _____

O

Name _____

Address _____

_____

Phone _____

Email _____

Notes _____

Name _____

Address _____

_____

Phone _____

Email _____

Notes _____

Name _____

Address _____

_____

Phone _____

Email _____

Notes _____

P

Name _____

Address _____

_____

Phone _____

Email _____

Notes _____

Name _____

Address _____

_____

Phone _____

Email _____

Notes _____

Name _____

Address _____

_____

Phone _____

Email _____

Notes _____

P

Name _____

Address _____

_____

Phone _____

Email _____

Notes _____

Name _____

Address _____

_____

Phone _____

Email _____

Notes _____

Name _____

Address _____

_____

Phone _____

Email _____

Notes _____

Name _____

Address _____

_____

Phone _____

Email _____

Notes _____

Name _____

Address _____

_____

Phone _____

Email _____

Notes _____

Name _____

Address _____

_____

Phone _____

Email _____

Notes _____

P

Name _____

Address _____

_____

Phone _____

Email _____

Notes _____

Notes

Notes

_____

_____

_____

_____

_____

_____

_____

_____

_____

_____

_____

_____

_____

Name _____

Address _____

_____

Phone _____

Email _____

Notes _____

Name _____

Address _____

_____

Phone _____

Email _____

Notes _____

Q

Name _____

Address _____

_____

Phone _____

Email _____

Notes _____

Name _____

Address _____

_____

Phone _____

Email _____

Notes _____

Name _____

Address _____

_____

Phone _____

Email _____

Notes _____

Q

Name _____

Address _____

_____

Phone _____

Email _____

Notes _____

Name _____

Address _____

_____

Phone _____

Email _____

Notes _____

Name _____

Address _____

_____

Phone _____

Email _____

Notes _____

Q

Name _____

Address _____

_____

Phone _____

Email _____

Notes _____

Name _____

Address _____

_____

Phone _____

Email _____

Notes _____

Name _____

Address _____

_____

Phone _____

Email _____

Notes _____

Q

Name _____

Address _____

_____

Phone _____

Email _____

Notes _____

Name

Address

Phone

Email

Notes

Name

Address

Phone

Email

Notes

R

Name

Address

Phone

Email

Notes

Name

Address

Phone

Email

Notes

Name

Address

Phone

Email

Notes

R

Name

Address

Phone

Email

Notes

Name _____

Address _____

_____

Phone _____

Email _____

Notes _____

Name _____

Address _____

_____

Phone _____

Email _____

Notes _____

R

Name _____

Address _____

_____

Phone _____

Email _____

Notes _____

Name _____

Address _____

_____

Phone _____

Email _____

Notes _____

Name _____

Address _____

_____

Phone _____

Email _____

Notes _____

R

Name _____

Address _____

_____

Phone _____

Email _____

Notes _____

Name _____

Address _____

_____

Phone _____

Email _____

Notes _____

Name _____

Address _____

_____

Phone _____

Email _____

Notes _____

S

Name _____

Address _____

_____

Phone _____

Email _____

Notes _____

Name

Address

Phone

Email

Notes

Name

Address

Phone

Email

Notes

Name

Address

Phone

Email

Notes

S

Name _____

Address _____

_____

Phone _____

Email _____

Notes _____

Name _____

Address _____

_____

Phone _____

Email _____

Notes _____

S **Name** _____

Address _____

_____

Phone _____

Email _____

Notes _____

Name _____

Address _____

_____

Phone _____

Email _____

Notes _____

Name _____

Address _____

_____

Phone _____

Email _____

Notes _____

Name _____

Address _____

S

_____

Phone _____

Email _____

Notes _____

Name _____

Address _____

_____

Phone _____

Email _____

Notes _____

Name _____

Address _____

_____

Phone _____

Email _____

Notes _____

Name _____

Address _____

_____

Phone _____

Email _____

Notes _____

T

Name _____

Address _____

_____

Phone _____

Email _____

Notes _____

Name _____

Address _____

_____

Phone _____

Email _____

Notes _____

Name _____

Address _____

_____

Phone _____

Email _____

Notes _____

T

Name _____

Address _____

_____

Phone _____

Email _____

Notes _____

Name _____

Address _____

_____

Phone _____

Email _____

Notes _____

Name _____

Address _____

_____

Phone _____

Email _____

Notes _____

T

Name _____

Address _____

_____

Phone _____

Email _____

Notes _____

Name _____

Address _____

_____

Phone _____

Email _____

Notes _____

Name _____

Address _____

_____

Phone _____

Email _____

Notes _____

T

Notes

Notes

Name

Address

Phone

Email

Notes

Name

Address

Phone

Email

Notes

Name

Address

Phone

Email

Notes

U

Name

Address

Phone

Email

Notes

Name

Address

Phone

Email

Notes

Name

Address

U

Phone

Email

Notes

Name _____

Address _____

_____

Phone _____

Email _____

Notes _____

Name _____

Address _____

_____

Phone _____

Email _____

Notes _____

Name _____

Address _____

_____

Phone _____

Email _____

Notes _____

U

Name _____

Address _____

_____

Phone _____

Email _____

Notes _____

Name _____

Address _____

_____

Phone _____

Email _____

Notes _____

Name _____

Address _____

_____

U

Phone _____

Email _____

Notes _____

Name

Address

Phone

Email

Notes

Name

Address

Phone

Email

Notes

Name

Address

Phone

Email

Notes

V

Name _____

Address _____

_____

Phone _____

Email _____

Notes _____

___

Name _____

Address _____

_____

Phone _____

Email _____

Notes _____

___

Name _____

Address _____

_____

Phone _____

Email _____

Notes _____

V

___

Name _____

Address _____

_____

Phone _____

Email _____

Notes _____

Name _____

Address _____

_____

Phone _____

Email _____

Notes _____

Name _____

Address _____

_____

V

Phone _____

Email _____

Notes _____

Name _____

Address _____

_____

Phone _____

Email _____

Notes _____

Name _____

Address _____

_____

Phone _____

Email _____

Notes _____

Name _____

Address _____

_____

Phone _____

Email _____

Notes _____

Name _____

Address _____

_____

Phone _____

Email _____

Notes _____

Name _____

Address _____

_____

Phone _____

Email _____

Notes _____

Name _____

Address _____

_____

Phone _____

Email _____

Notes _____

W

Name _____

Address _____

_____

Phone _____

Email _____

Notes _____

Name _____

Address _____

_____

Phone _____

Email _____

Notes _____

Name _____

Address _____

_____

Phone _____

Email _____

Notes _____

Name _____

Address _____

_____

Phone _____

Email _____

Notes _____

Name _____

Address _____

_____

Phone _____

Email _____

Notes _____

Name _____

Address _____

_____

W

Phone _____

Email _____

Notes _____

Name _____

Address _____

_____

Phone _____

Email _____

Notes _____

Name _____

Address _____

_____

Phone _____

Email _____

Notes _____

Name _____

Address _____

_____

Phone _____

Email _____

Notes _____

Name _____

Address _____

_____

Phone _____

Email _____

Notes _____

Name _____

Address _____

_____

Phone _____

Email _____

Notes _____

Name _____

Address _____

_____

Phone _____

Email _____

Notes _____

X

Name _____

Address _____

_____

Phone _____

Email _____

Notes _____

Name _____

Address _____

_____

Phone _____

Email _____

Notes _____

Name _____

Address _____

_____

Phone _____

Email _____

Notes _____

X

Name _____

Address _____

_____

Phone _____

Email _____

Notes _____

Name _____

Address _____

_____

Phone _____

Email _____

Notes _____

Name _____

Address _____

_____

Phone _____

Email _____

Notes _____

Name _____

Address _____

_____

Phone _____

Email _____

Notes _____

_____

Name _____

Address _____

_____

Phone _____

Email _____

Notes _____

_____

Name _____

Address _____

_____

Phone _____

Email _____

Notes _____

_____

Notes

Notes

_____

_____

_____

_____

_____

_____

_____

_____

_____

_____

_____

_____

_____

_____

_____

Name _____
Address _____
_____
Phone _____
Email _____
Notes _____

Name _____
Address _____
_____
Phone _____
Email _____
Notes _____

Name _____
Address _____
_____
Phone _____
Email _____
Notes _____

Y

Name _____
Address _____
_____
Phone _____
Email _____
Notes _____

Name _____
Address _____
_____
Phone _____
Email _____
Notes _____

Name _____
Address _____
_____
Phone _____
Email _____
Notes _____

Y

Name _____

Address _____

_____

Phone _____

Email _____

Notes _____

Name _____

Address _____

_____

Phone _____

Email _____

Notes _____

Name _____

Address _____

_____

Phone _____

Email _____

Notes _____

Y

Name _____
Address _____
_____
Phone _____
Email _____
Notes _____

Name _____
Address _____
_____
Phone _____
Email _____
Notes _____

Name _____
Address _____
_____
Phone _____
Email _____
Notes _____

Y

Name _____

Address _____

_____

Phone _____

Email _____

Notes _____

Name _____

Address _____

_____

Phone _____

Email _____

Notes _____

Name _____

Address _____

_____

Phone _____

Email _____

Notes _____

Z

Name _____

Address _____

_____

Phone _____

Email _____

Notes _____

Name _____

Address _____

_____

Phone _____

Email _____

Notes _____

Name _____

Address _____

_____

Phone _____

Email _____

Notes _____

Z

Name _____

Address _____

_____

Phone _____

Email _____

Notes _____

Name _____

Address _____

_____

Phone _____

Email _____

Notes _____

Name _____

Address _____

_____

Phone _____

Email _____

Notes _____

Z

Name _____

Address _____

_____

Phone _____

Email _____

Notes _____

Name _____

Address _____

_____

Phone _____

Email _____

Notes _____

Name _____

Address _____

_____

Phone _____

Email _____

Notes _____

Z

Notes

Notes

Made in the USA
Monee, IL
23 July 2024